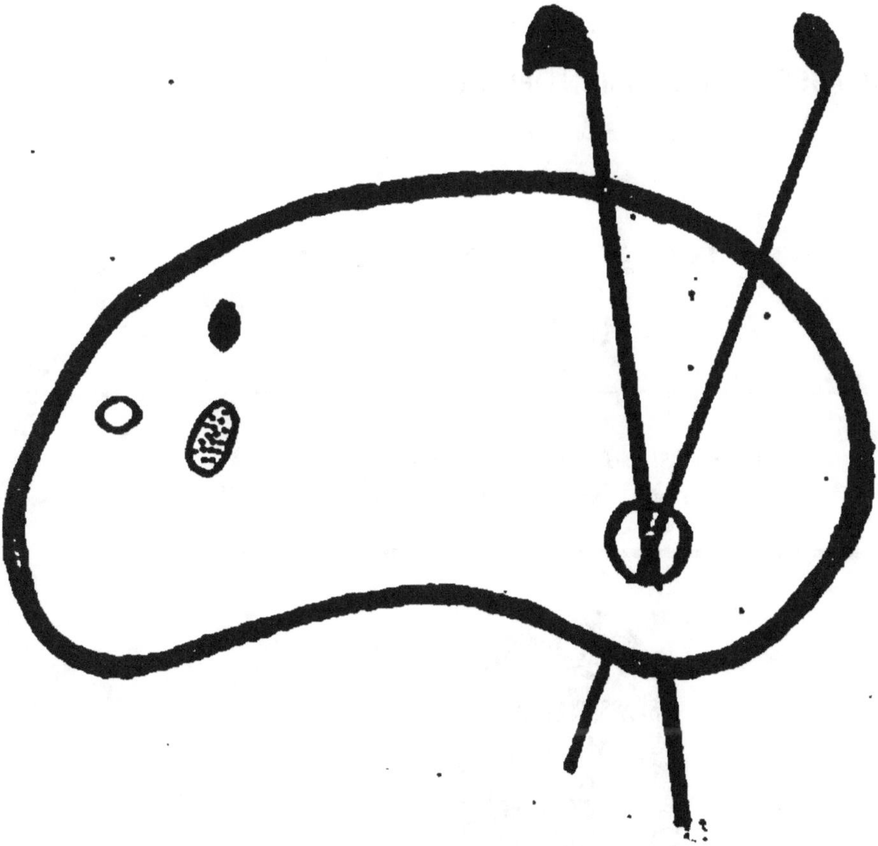

DEBUT D'UNE SERIE DE DOCUMENTS
EN COULEUR

ASSOCIATION FRANÇAISE

POUR

L'AVANCEMENT DES SCIENCES

Fusionnée avec

L'ASSOCIATION SCIENTIFIQUE DE FRANCE

(Fondée par Le Verrier en 1864)

CONFÉRENCES DE PARIS

1889

M. le Dr J.-L. de LANESSAN

Agrégé à la Faculté de Médecine, Député de la Seine.

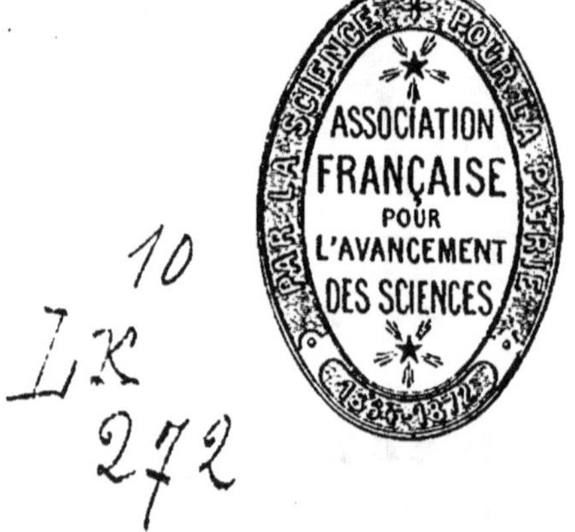

PARIS

AU SECRÉTARIAT DE L'ASSOCIATION

A l'Hôtel des Sociétés savantes

28, RUE SERPENTE, 28,

ASSOCIATION FRANÇAISE

POUR L'AVANCEMENT DES SCIENCES

EXTRAIT DES STATUTS ET RÈGLEMENT

STATUTS

ART. 4. — L'Association se compose de membres fondateurs et de membres ordinaires; les uns et les autres sont admis, sur leur demande, par le Conseil.

ART. 6. — Sont membres fondateurs les personnes qui auront souscrit, à une époque quelconque, une ou plusieurs parts du capital social : ces parts sont de 500 francs.

ART. 7. — Tous les membres jouissent des mêmes droits. Toutefois, les noms des membres fondateurs figurent perpétuellement en tête des listes alphabétiques, et les membres reçoivent gratuitement, pendant toute leur vie, autant d'exemplaires des publications de l'Association qu'ils ont souscrit de parts du capital social.

RÈGLEMENT

ART. 1er. — Le taux de la cotisation annuelle des membres non fondateurs est fixé à 20 francs.

ART. 2. — Tout membre a le droit de racheter ses cotisations à venir en versant, une fois pour toutes, la somme de 200 francs. Il devient ainsi membre à vie.

Les membres ayant racheté leurs cotisations pourront devenir membres fondateurs en versant une somme complémentaire de 300 francs. Il sera loisible de racheter les cotisations par deux versements annuels consécutifs de 100 francs.

La liste alphabétique des membres à vie est publiée en tête de chaque volume, immédiatement après la liste des membres fondateurs.

Les souscriptions des membres fondateurs peuvent être versées en une seule fois ou en deux versements chacun de 250 francs.

Les souscriptions sont reçues :
Au SECRÉTARIAT, à l'Hôtel des Sociétés savantes, 28, rue Serpente, à Paris.

PARIS. — IMPRIMERIE CHAIX. — 6680-3-9.

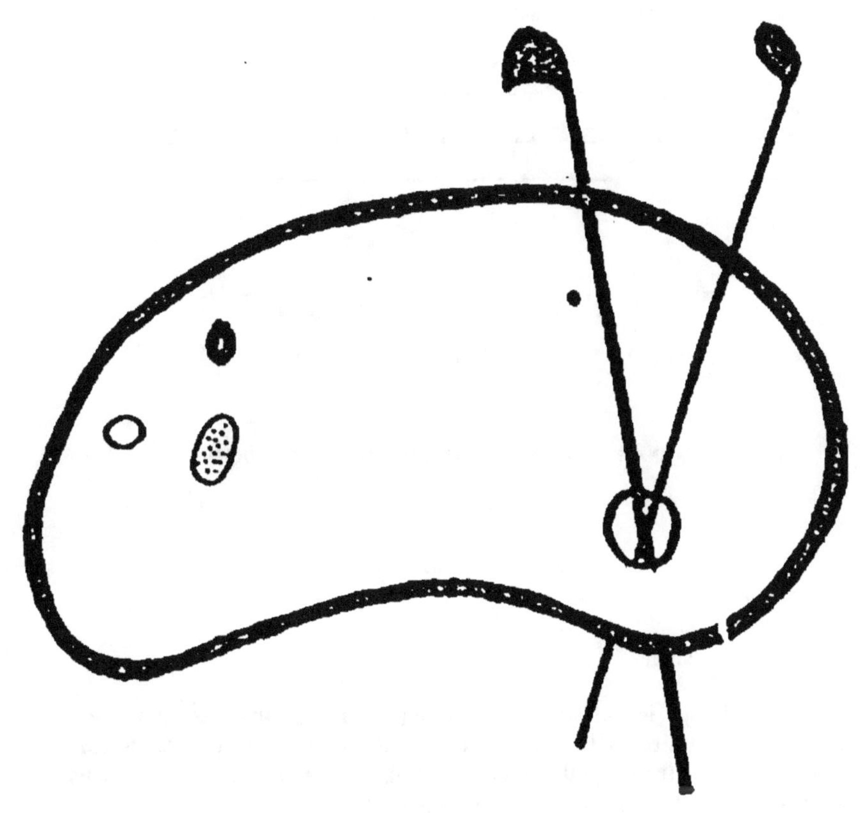

FIN D'UNE SERIE DE DOCUMENTS
·EN COULEUR

ASSOCIATION FRANÇAISE
POUR L'AVANCEMENT DES SCIENCES

Fusionnée avec

L'ASSOCIATION SCIENTIFIQUE DE FRANCE

(Fondée par Le Verrier en 1864)

CONFÉRENCES DE PARIS — 1889

M. le Dr J.-L. de LANESSAN

Agrégé à la Faculté de Médecine, Député de la Seine.

L'EMPIRE D'ANNAM. — SON ORGANISATION SOCIALE ET POLITIQUE.

— Séance du 9 février 1889 —

Messieurs,

S'il est un principe incontestable, c'est que pour bien gouverner un peuple, il faut le bien connaître ; s'il en est un cependant que nous avons presque toujours négligé de mettre en pratique dans nos entreprises coloniales c'est, sans contredit, celui-là. Je n'en veux d'autre preuve que notre conduite dans l'Annam. Il n'est pas douteux qu'avec une connaissance plus exacte des hommes et des choses, l'établissement de notre influence dans cet empire ne nous aurait coûté ni les soldats que nous y avons perdus, ni les millions que nous y avons jetés et que nous y dépenserons encore.

Vous en serez convaincus comme moi lorsque nous aurons visité ensemble ces pays dont on parle beaucoup plus qu'on ne les étudie, quand nous aurons pénétré dans l'intimité de la famille annamite et quand vous vous serez rendu compte de la nature des institutions sociales, religieuses, administratives et politiques de ce peuple.

Situé à l'extrémité sud de l'Asie orientale, le long de la mer de Chine qu'il borde sur une longueur de près de 2,000 kilomètres, l'empire d'Annam a la figure d'un long rectangle irrégulier, étroit au milieu, qui est formé par l'Annam central, élargi aux deux extrémités qui sont représentées l'une par le Tonkin, l'autre par la Cochinchine.

Borné à l'est par la mer de Chine, il est séparé à l'ouest de la vallée du Mé-Kong par une immense chaîne de montagnes qui se détache du massif du

Yun-nan et qui descend du nord au sud depuis l'extrémité septentrionale du Tonkin jusqu'à la portion de la Cochinchine qui confine au Cambodge.

Les ramifications principales de cette chaîne limitent dans le nord les deltas du fleuve Rouge et Thaï-Binh, dans le sud ceux du Mé-Kong et du Don-Naï. D'autres branches transversales plus courtes et presque perpendiculaires à la mer séparent les unes des autres les pittoresques vallées que l'Annam central égrène le long des côtes de la mer de Chine et qu'arrosent un grand nombre de petites rivières issues de la chaîne annamitique.

Dix millions d'habitants se pressent au Tonkin dans les deltas du fleuve Rouge et du Thaï-Binh ; cinq à six millions sont entassés dans les petites vallées de l'Annam central et seize cent mille seulement peuplent insuffisamment, en Cochinchine, les deltas du Mé-Kong et du Don-Naï qui, cependant, peuvent être rangés parmi les plus fertiles de notre globe.

Quant aux montagnes, elles sont couvertes de forêts et de broussailles souvent impénétrables et ne donnent asile qu'à un petit nombre de tribus à demi sauvages. Elles élèvent une barrière difficilement franchissable par la civilisation et le commerce entre les plaines de l'empire d'Annam et la vallée du Mé-Kong qui s'étend à l'ouest, dans le Laos siamois, sur une longueur de plus de 2,000 kilomètres.

La plupart des petites rivières de l'Annam central ne sont que difficilement navigables ; mais les deltas sont coupés en tous sens par les branches magnifiques des grands fleuves et par un nombre infini d'arroyos et de canaux dont les dépôts fertilisent le sol et dont les eaux mettent en communication les villes et les villages bâtis sur leurs bords.

Malgré leur faible élévation, les montagnes de l'Annam, du Tonkin et de la haute Cochinchine sont rendues très pittoresques par la raideur des pentes que les forêts couvrent d'un voile sombre et par l'étroitesse des gorges à travers lesquelles les torrents et les rivières dévalent au milieu des rochers qui font tourbillonner leurs eaux.

Les jolies plaines de l'Annam, avec leurs nombreuses rivières, leurs villages entourés de bambous et surmontés des hauts panaches des aréquiers, leurs rizières toujours vertes et leur cadre de montagnes boisées, rivalisent sans peine avec les vallées les plus gracieuses et les plus fréquentées de nos Pyrénées et de nos Vosges.

Quant aux immenses plaines des deltas du Tonkin et de l'Annam, elles ne manquent pas, malgré leur monotonie, de produire un grand effet sur les Européens qui les visitent. Celles de la basse Cochinchine surtout, où les arroyos sont plus nombreux, où les fleuves sont plus larges et plus agités, frappent vivement l'esprit par leur immensité calme inspirant l'idée de la richesse et du bonheur tranquille.

Lorsqu'on circule en barque dans les arroyos de la basse Cochinchine, on se laisse aisément envahir par la mélancolie sans tristesse des eaux lentes et silencieuses qui coulent à pleines rives entre les racines enchevêtrées des palétuviers et les bouquets des palmiers d'eau, s'étalent dans les marécages et les rizières, se glissent entre les pilotis des cases et transforment en îlots les marchés pleins de bruit. Sur les bords, près des villages dont les cases basses sont cachées derrière les bananiers, sous les grands cocotiers et les grêles aréquiers, les buffles qui reviennent du travail s'enfoncent dans l'eau bourbeuse en relevant leurs mufles et secouant leurs oreilles avec une volupté qui fait briller leurs grands yeux doux. Ailleurs, des enfants tout nus, bien modelés, sans pudeur, jouent et s'ébattent, et prennent en nous voyant passer des poses fières de petits hommes et de petites femmes. Tout à côté, les mères, avec les jambes dans l'eau jusqu'aux genoux, le torse nu, les seins gonflés, leurs longs et lourds cheveux noirs déroulés et tout ruisselants, baignent et lavent leurs nourrissons. De chaque côté, derrière les berges peuplées ou désertes, nues ou couvertes d'arbres, les rizières s'étalent jusqu'aux confins de l'horizon, sans un arbre, sans un buisson, coupées en carrés irréguliers par les petites digues qui gardent les eaux et sur lesquelles circulent les hommes et les buffles. Dans le lointain, des bouquets de bambous et d'aréquiers marquent la place des villages et des rangées de palétuviers tracent le cours des arroyos qui arrosent et fertilisent la plaine.

Nulle part je n'ai connu de nuits plus douces que celles passées en barque dans les arroyos de la Cochinchine, soit que la lune argente les eaux endormies et plonge ses rayons à travers les masses noires des arbres, soit que dans une obscurité profonde les innombrables lucioles qui volent autour des buissons éteignent et rallument tour à tour les lueurs phosphorescentes de leur abdomen, faisant les rives tantôt sombres comme les eaux noires et tantôt brillantes comme les horizons étoilés.

Je laisse de côté, bien entendu, tous les ennuis des excursions à travers ce beau pays : les moustiques du canal d'Hatien, de Chaudoc, de la baie d'Hone-Gac, les sangsues qui peuplent les forêts de Trian et de Phu-Quoc et qui se précipitent de tous côtés sur le voyageur, dégringolant des arbres et grimpant du sol où elles sont tassées sous les feuilles mortes, les chaleurs étouffantes de la saison chaude au Tonkin, de la saison des pluies en Cochinchine, et mille autres inconvénients qui rendent la vie très pénible dans tous les climats tropicaux. Le propre de ceux qui ont beaucoup voyagé est d'oublier volontairement les heures pénibles et les sensations désagréables. S'il en était autrement, si les récits des voyages étaient toujours fidèlement exacts, personne ne voudrait sortir de chez soi.

Fleuves, rivières et canaux sont presque les seules voies de communication qui existent dans l'empire d'Annam. La grande voie impériale construite au commencement de notre siècle par Gia-Long, le Louis XIV annamite, entre Saïgon, Hué, Hanoï, Lang-Son et la Chine, est détruite sur un grand nombre de points, en mauvais état sur tous les autres. Nous n'avons construit nous-mêmes que très peu de routes, et nous avons laissé s'envaser la plupart des canaux creusés autrefois par les Annamites dans les deltas de la Cochinchine et du Tonkin.

Peuple essentiellement agriculteur, l'Annamite n'a édifié que peu de villes dignes de ce nom. La plupart des capitales des provinces sont réduites à une vaste citadelle dans laquelle sont réunis les édifices publics, les magasins royaux, les logements des hauts fonctionnaires, des petits employés, des soldats et de leurs familles. En dehors des murailles en pierre et des fossés qui protègent cette ville officielle, quelques centaines d'habitations logent les marchands et les industriels. Hanoï et Nam-Dinh au Tonkin, Faï-Foo et Phan-Thiet dans l'Annam central, Cholon en Cochinchine, sont les seules villes annamites qui aient une population civile assez nombreuse pour qu'on puisse les comparer aux cités européennes. Encore faut-il noter que la plupart de ces villes sont en majeure partie peuplées par des colonies chinoises entre les mains desquelles est concentré presque tout le commerce du pays.

Mais si les villes sont rares, les villages sont innombrables le long de tous les cours d'eau qui sillonnent le pays, et les marchés réunissent fréquemment des milliers de marchands et d'acheteurs, en sorte que, malgré la rareté de grandes villes, la vie sociale n'est pas moins intense dans les deltas et les vallées de l'empire d'Annam que dans les parties les plus riches de la France.

En Cochinchine, dans l'Annam et dans les parties basses du delta tonkinois où les attaques du dehors ne sont pas à craindre, les villages sont presque toujours ouverts et formés d'habitations alignées le long d'un cours d'eau. Dans les parties hautes du delta du Tonkin et dans quelques portions de l'Annam où la sécurité n'est pas aussi grande, les villages sont plus denses, mieux agglomérés et souvent entourés d'une muraille en terre épaisse de quelques mètres, souvent haute d'un mètre et couverte de grandes haies de bambous difficilement pénétrables.

Les villages sont rarement propres et ne peuvent guère l'être, entourés qu'ils sont d'arroyos ou de ruisseaux vaseux et de rizières inondées pendant une partie de l'année ; mais les plus pauvres eux-mêmes sont gais et hospitaliers. Les femmes affables et rieuses, les hommes doux et polis, les enfants braillards, espiègles, réunis en bandes curieuses autour de l'étranger, laissent dans son esprit un souvenir agréable.

La plus grande uniformité règne d'ailleurs dans la construction de ces villages. Les rues sont droites, les maisons sont basses, alignées de chaque côté des rues, souvent précédées d'un jardinet, à l'exception toutefois de celles des marchands, et toujours si largement ouvertes sur le devant qu'on peut voir presque tout ce qui s'y passe. Celles des pauvres sont en bambous ou en terre et couvertes de chaume ou de feuilles de palmier ; celles des riches ont les murailles en bois ou en briques et les toitures en tuiles rouges. Les murs sont toujours bas et les toitures sont très inclinées pour mettre l'intérieur à l'abri du soleil. Au fond de la pièce principale qui est sur le devant se trouve l'autel des ancêtres, représenté par une table élevée où sont déposés des flambeaux, des brûle-parfums et des vases. Au-dessus sont des tablettes noires portant les noms des aïeux vénérés par la famille. Des lits de camp en planches épaisses et quelques sièges en bois forment l'ameublement de cette pièce où sont reçus les étrangers et où le maître de la maison passe la majeure partie de son temps à chiquer du bétel et à fumer des cigarettes.

Chaque village, si petit qu'il soit, a sa maison commune où les notables se réunissent et où sont reçus les étrangers, sa pagode et son marché.

L'importance de ce dernier n'est pas toujours en rapport avec celle du village ; elle dépend surtout de sa situation et de la facilité plus ou moins grande des relations avec les agglomérations voisines. Souvent même les marchés sont tenus en dehors des villages, dans quelque carrefour où aboutissent plusieurs routes importantes.

Les marchés commencent toujours tard ; souvent même ils n'ont lieu que dans l'après-midi. Les Annamites aiment peu sortir de bonne heure ; ils ont peur des tigres ou du brouillard. L'aurore du reste ne se montre guère avant le soleil, et il n'y a pour ainsi dire pas de transition entre la nuit et le plein jour. Ce qui faisait dire à une femme d'esprit : « L'aurore a si peu besoin de se vêtir en ce pays que sa toilette est vite faite et qu'elle peut se lever tard. »

Seules, ou peu s'en faut, les femmes fréquentent les marchés. Lorsqu'ils sont situés au bord des arroyos, elles s'y rendent dans de petits sampans qu'elles manœuvrent debout, l'une à l'avant, l'autre à l'arrière. Dans le milieu de la frêle embarcation sont les marchandises, les animaux et les enfants.

Quand le marché se tient dans la plaine, les femmes y viennent de tous les villages voisins en longues files qui suivent les sentiers tracés sur les digues étroites des rizières. Sur leur épaule repose un long fléau flexible dont les extrémités supportent des paniers en forme de balances. Leur passage est marqué sur le sol et les herbes par des taches rouges de salive que la chique de bétel provoque en extrême abondance.

Quant aux marchés annamites, ils sont rendus très attrayants par la variété des objets qui s'y vendent, la singularité de quelques-uns et l'inépuisable gaieté des marchandes. Dans les villages pauvres, de simples toitures en feuilles de palmier, supportées par quatre piquets, abritent les marchandes. Dans les centres riches, le marché est un hangar plus ou moins vaste, avec toiture en tuiles supportée par des piliers en bois dur. Toujours il est situé sur une place rectangulaire qu'entourent les boutiques des principaux marchands, les auberges, les fumeries d'opium et les maisons de jeu.

En dehors du hangar, dans des bailles en bois ou des paniers en lames de bambou tressées, grouillent des poissons noirâtres et visqueux pêchés dans les arroyos ou les rizières. Ici une marchande accroupie sur ses talons vend, pour faire de la colle, des vessies natatoires de poissons, toutes fraîches, gonflées par l'air, luisantes, blanchâtres et irisées; une autre débite des chiques prêtes pour la mastication : la feuille verte du bétel enduite de chaux et pliée autour d'un morceau de noix d'arec. Voici des petits crabes noirs ramassés dans les rizières, disposés en brochettes, les pattes pressées entre deux baguettes de bambou. Des morceaux de la chair pâle et molle d'un caïman sont entassés sur une planchette. Des quartiers de porc montrent leur viande rose et leur graisse blanche, encadrée de peau noire. Des canards et de petits cochons entiers, brunis par la cuisson, luisent comme s'ils avaient été vernis. Les grosses crevettes qui abondent dans les arroyos sautillent dans les larges paniers en agitant leurs longues antennes. Les gros vers palmistes blancs qui se mangent frits, et qui ont le goût de la noisette, les œufs de poule couvés contenant de petits poulets à demi formés, les fuseaux noirâtres des œufs de poisson fumés, des tas de vermicelle blanc fait avec la farine de riz ou de haricots, des plaques arrondies d'une sorte de gelée végétale semée d'un hachis multicolore, des aubergines jaunes, de longs radis noirs, des pousses de plantes aquatiques, des morceaux de cocos blancs comme du lait, des bonbons et des gâteaux de toutes sortes, dont les Annamites sont très friands, des bottes de fleurs pour les autels des ancêtres, sollicitent l'attention des ménagères qui circulent parmi les marchandes, avec de longs chapelets de sapèques enfilées par un trou carré sur une petite corde en rotin. De tous les côtés, on compte avec un soin minutieux cette monnaie de zinc, dont il faut six cents pièces pour faire moins d'un franc.

Sous les couverts du marché, aux meilleures places, sont étalés pêle-mêle sur des étagères : les robes et les pantalons multicolores, avec la ceinture en coton écru, les foulards en crépon bleu ou rouge que l'on noue autour de la tête, les écharpes en soie, les aumônières brodées que l'on accroche à la ceinture, les boutons en ambre jaune, disposés par cinq sur un petit carton rouge dans une boîte minuscule à dessus en verre, les nattes de faux cheveux noirs et luisants dont les hommes usent non moins que les femmes, les colliers en ambre à gros grains olivaires, les bracelets en verroteries de couleurs, les grosses pierres de sel gemme brillantes, translucides et rougeâtres, les petits carrés jaunâtres de tabac finement haché, les pipes en cuivre à long tuyau, à fourneau très petit pour le tabac, et les pipes en bambou en forme de flûte pour les fumeurs d'opium, les petites lampes en verre dont on se sert pour allumer l'extrait enivrant, les lampes à pétrole de fabrication européenne, dont l'usage est répandu jusque dans les plus petits villages, la chaudronnerie en cuivre et en fer du Tonkin ou de la Chine, la poterie en terre rouge du Cambodge ou de l'Annam, les faïences grossières de ménage importées par les Chinois, les papiers dorés et les baguettes odoriférantes que l'on fait brûler sur les autels des ancêtres, les pétards qui ne manquent à aucune fête, etc. La bouche pleine de bétel, les marchandes jacassent entre elles, avec les acheteurs et avec les jeunes élégants du village qui ne manquent pas de faire chaque jour leur tour de marché ; elles font en public leur toilette et celle de leurs marmots joufflus, interpellent les acheteurs et les promeneurs d'une voix empâtée par la chique et lancent autour d'elles, entre chaque mot, de longs jets de salive rouge.

Procédant à la façon d'un voyageur qui pénètre pour la première fois dans un pays inconnu, nous n'avons vu jusqu'ici dans l'Annam que les caractères les plus saillants du pays et les actes les plus extérieurs de la vie du peuple. Pour avoir une connaissance plus exacte de celui-ci, il est nécessaire que nous pénétrions dans la famille et dans la société annamite.

Le peuple annamite a été formé par une colonie chinoise descendue des provinces méridionales de l'empire du Milieu dans les plaines du Tonkin d'abord, puis dans celles de l'Annam central et enfin dans le delta de la Cochinchine. Dans cette lente migration, la colonie chinoise trouvait devant elle deux sortes de populations qui s'opposaient à sa marche : des tribus à demi sauvages, assez semblables à celles de la Malaisie, et des Aryens émigrés de l'Inde à travers la Birmanie, le Siam et le Cambodge, où ils avaient fondé des empires puissants. Dans l'Annam même, ils avaient établi, sous le nom de Tiams, un royaume important dont il reste encore quelques monuments en ruines.

La lutte des colons de race jaune contre les tribus autochtones et contre les Tiams fut très pénible et de longue durée. C'est seulement à la fin du xviii⁰ siècle, sous le règne du grand Gia-Long, que fut achevée la conquête du territoire qui forme aujourd'hui l'empire d'Annam. Le Cambodge lui-même était, à cette époque, tributaire de l'Annam. Mais l'empire était trop vaste, les voies de communication y étaient trop peu nombreuses pour que son unité pût être maintenue pendant longtemps. Le Cambodge ne tarda pas à lui être enlevé par le Siam, et des révoltes fréquentes, soulevées par des ambitions princières, agitaient tour à tour le Tonkin ou la Cochinchine.

Ce sont ces révoltes presque incessantes qui ont amené quelques personnes à considérer le Tonkin et l'Annam comme des pays distincts et à regarder les Tonkinois comme des ennemis des Annamites et presque des gens d'autre race.

Cette erreur a induit notre politique dans des fautes trop graves pour qu'il ne soit pas indispensable de la combattre et de la déraciner de l'esprit de nos hommes d'État. La vérité est que le peuple annamite se montre identique à lui-même dans toutes les parties de l'empire d'Annam ; qu'il habite le Tonkin, la Cochinchine ou l'Annam central, il se présente partout avec les mêmes caractères ethnologiques, les mêmes institutions religieuses, sociales et politiques.

Ethnologiquement, l'Annamite ne diffère du Chinois que par une taille plus réduite, une coloration plus foncée et une diminution notable de la force corporelle.

En général, les Annamites sont laids, même dans le sexe que nous nous plaisons à appeler beau. Mais si les femmes sont rarement jolies, elles sont toujours coquettes, riantes et provocantes. Celles qui renoncent à la chique de bétel et qui veulent se donner la peine de plaire aux Européens y réussissent au delà de ce que pourraient imaginer les jolies Françaises. On ne compte plus à Saïgon les folies que le demi-monde annamite de la capitale indo-chinoise a fait faire à nos compatriotes. Je dois ajouter que les fruits en sont très appréciables. Les métisses de Français et d'Annamites sont en général jolies. Empruntant au père la pureté plus grande des traits, elles conservent la finesse des attaches, la petitesse des mains et des pieds, l'élégance de la taille et les magnifiques cheveux de la mère, et forment un ensemble très agréable à l'œil même le plus sévère.

Le costume des Annamites est sensiblement le même que celui des Chinois, mais les Annamites des deux sexes gardent les cheveux longs et les relèvent en chignon en arrière de la tête. Hommes et femmes portent un pantalon large, sans ouverture, et une longue robe boutonnée sur le côté. Le noir est la couleur favorite des Annamites de toutes les classes. Les femmes cependant ne se font pas faute de porter des robes et des pantalons teints des couleurs les plus voyantes; elles ont soin, quand elles font toilette, de revêtir l'une sur l'autre deux ou trois robes de coloration différente.

Dans la bourgeoisie, hommes et femmes marquent leur éloignement des travaux manuels en laissant pousser indéfiniment leurs ongles, qui atteignent parfois une longueur de plusieurs centimètres.

Hommes, femmes, enfants des deux sexes ont la déplorable habitude de chiquer le bétel, qui colore leur salive en rouge et déchausse toutes leurs dents. Cela ne les empêche pas de fumer le tabac ou l'opium. Les fumeurs d'opium sont cependant beaucoup plus rares parmi les Annamites que parmi les Chinois.

C'est sans doute à l'habitude de la chique qu'il faut attribuer l'absence du baiser chez les Annamites. Il est remplacé par un léger frottement du nez contre la joue, accompagné d'une sorte de reniflement doux.

L'Annamite est laborieux, sobre, très attaché à sa famille, à sa maison et à son champ, doux et timide comme ses buffles, mais courageux et dédaigneux de la mort.

Il est sceptique, rieur et gouailleur, aime la poésie, les chants, le théâtre, les tours d'acrobates et d'escamoteurs. Plus respectueux de l'autorité dans la forme que dans le fond, il ne manque guère les occasions de railler ses maîtres quand il peut le faire sans danger. Le théâtre les lui fournit à chaque instant; la plupart des pièces que jouent les acteurs ambulants sont des satires parfois très vives des vices des hauts fonctionnaires et des princes; le peuple y applaudit avec enthousiasme, accompagnant de ses lazzi les titubations du mandarin ivre et riant à gorge déployée des sottises que l'alcool de riz lui fait débiter.

Les lettrés ont l'esprit fin, délié, très ouvert. Leur conversation indique une instruction qui n'est pas sans valeur, quoique très différente de la nôtre. Dans les questions de morale surtout, ils font preuve d'une grande élévation de pensée et montrent un esprit singulièrement dégagé des préjugés dont les religions de l'Europe obscurcissent d'ordinaire ces problèmes. Ils sont aussi très experts dans la critique fine et délicate.

L'un de nos résidents en fit l'expérience dans une circonstance dont il n'eut guère envie de se vanter. Ayant eu l'idée de consulter les lettrés du Tonkin sur les actes de son administration, il en réunit un certain nombre à Hanoï, les traita de son mieux, puis les pria de rédiger l'expression de leurs sentiments. La réponse, tracée par le pinceau délié de quelque Paul-Louis Courier annamite, est l'un des morceaux de critique politique les plus délicats que je connaisse. Elle fut sans doute peu du goût du résident général, car bien peu de personnes en eurent connaissance.

Le préambule est à lui seul un petit chef-d'œuvre : « Vous nous avez, disent-ils au résident général, convoqués à grands frais pour nous demander des avis et recueillir des renseignements de notre bouche ; vous nous avez offert des festins et vous avez fait de grandes dépenses pour nous recevoir ; nous regrettons de ne pouvoir répondre à une telle bienveillance par des avis favorables ; mais s'il appartient aux supérieurs d'un esprit généreux de traiter les lettrés avec une bonté cordiale, les inférieurs ont le devoir de manifester leur reconnaissance en disant avec franchise tout ce qu'ils savent. C'est pourquoi, désirant reconnaître votre bienveillance et désaltérer votre soif de renseignements, nous avons étudié ensemble les paragraphes suivants, que nous avons l'honneur de soumettre à Votre Excellence, afin qu'elle les examine et qu'elle voie si elle en peut tirer quelque profit. » Puis, en neuf paragraphes, ils exposent sur le même ton la critique aussi profonde que fine de toutes les fautes commises au Tonkin par nos administrateurs et nos chefs militaires. Je regrette que la longueur de ce morceau de littérature politique ne me permette pas de vous le lire, car il contient à chaque ligne des enseignements dont notre administration coloniale pourrait tirer le plus grand profit.

Le caractère dominant de tous les écrits, de tous les discours et de tous les actes de ce peuple, c'est l'extrême politesse de la forme. Pour les Annamites, la première marque de la distinction et de la bonne éducation est de ne jamais perdre le sang-froid et la réserve de la tenue. Aussi n'entendent-ils rien à nos éclats de voix, à nos gesticulations et à nos emportements. A leurs yeux, un homme qui se met en colère est nécessairement ivre ou fou.

Le moindre manant a appris dans sa famille et à l'école de son village, et connaît à fond toutes les règles de la bienséance et les marques de respect qu'il doit à chacun selon sa condition sociale.

Dès le plus jeune âge, on apprend aux enfants à faire les « lays », c'est-à-dire les prosternations par lesquelles on salue les autorités. Pour faire le « lay », l'Annamite applique l'une contre l'autre ses deux mains ouvertes et les élève jusqu'à la hauteur de la face, puis il se laisse tomber à genoux et s'incline en avant jusqu'à ce que ses coudes et son front touchent la terre. Il se relève alors et recommence. Le nombre de ces prosternations varie suivant la qualité des personnes qui les font et les reçoivent. Nos sentiments égalitaires nous font attribuer à cette forme particulière de salut une servilité que les Annamites sont bien loin d'y mettre. La plupart font le « lay » avec tant de dignité qu'ils n'en paraissent nullement diminués aux yeux des gens qui savent les comprendre.

Les Annamites se montrent toujours d'autant plus polis et cérémonieux qu'ils occupent une plus haute situation. J'ai été frappé de ce que le roi lui-même se fait un devoir de toujours parler à voix presque basse et avec une grande douceur, même quand il s'adresse aux gens qui le servent à genoux.

Cette constante politesse est la première qualité qu'on exige de tous les fonctionnaires publics. Les règles de l'obéissance et du commandement forment une partie importante de l'enseignement que reçoivent les lettrés.

« La première chose qu'on nous enseigne, me disait un vieux mandarin tonkinois, c'est de commander sans brutalité à nos inférieurs et d'obéir sans bassesse à nos supérieurs. Aussi, lorsque vous prenez des fonctionnaires annamites en dehors des lettrés, non seulement vous froissez l'amour-propre et les intérêts de ces derniers, mais encore vous vous exposez à de graves inconvénients. Ces fonctionnaires, sans éducation et sans instruction, ne savent ni commander

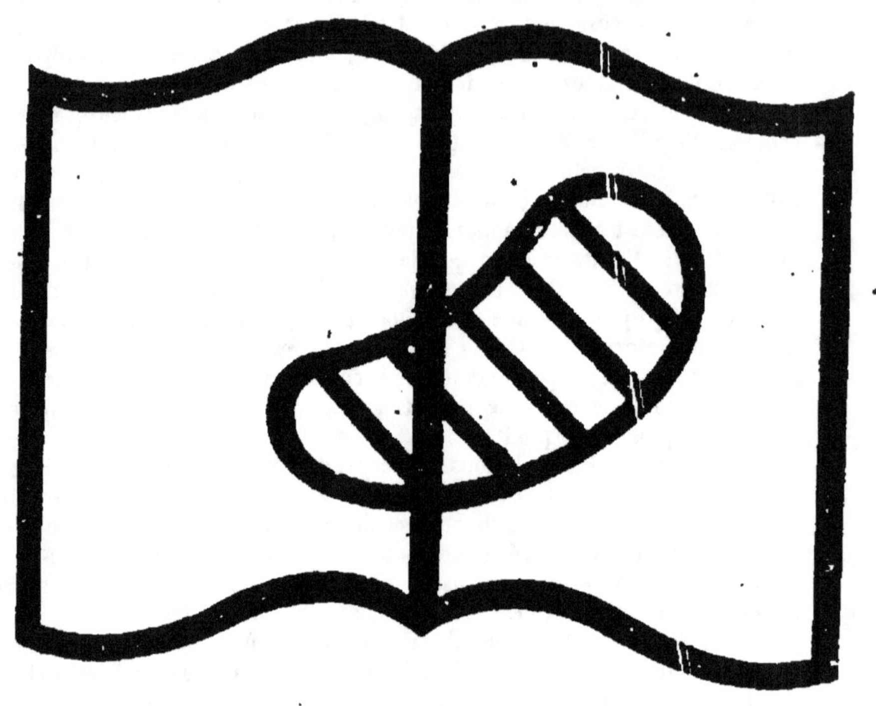

Illisibilité partielle

VALABLE POUR TOUT OU PARTIE DU DOCUMENT REPRODUIT

ni obéir ; ils se montrent insolents avec leurs subordonnés dont ils se font détester, tandis que leurs supérieurs les méprisent à cause de leur servilité. »

J'avais eu trop souvent l'occasion de constater l'exactitude de ces observations pour ne pas être frappé de leur justesse, mais j'avoue que je fus encore davantage touché par la forme délicate et fine sous laquelle elles étaient présentées. [Un peuple aussi policé ne peut manquer d'être très péniblement impressionné par la rudesse et la grossièreté dont nous usons presque toujours à l'égard même des personnages les plus distingués. Le tutoiement que nous appliquons non seulement aux gens du peuple, mais encore parfois aux plus hauts mandarins, est considéré par le moindre notable comme une grossière injure] « On nous traite comme des boys, » ai-je entendu dire à plus d'un fonctionnaire. « Quand j'ai besoin de coolies, me disait un capitaine de la légion étrangère, je fais appeler le phu (le préfet) et je lui tiens ce simple discours : — Si dans une heure je n'ai pas tant d'hommes, toi, tu auras la cangue au cou. Avec cela je n'attends jamais. — Êtes-vous bien certain, lui fis-je observer, de travailler ainsi utilement au profit de notre influence ? » Je dois avouer que mon observation parut l'étonner beaucoup plus qu'elle ne lui semblait juste.

[Par ces procédés, nous transformons en ennemis résolus de la France des hommes que nous gagnerions aisément à notre cause si nous les traitions avec les convenances auxquelles leur donnent droit les fonctions qu'ils exercent et la politesse dont eux-mêmes ne se départent jamais.]

Chez aucun peuple, les liens de la famille ne sont plus étroits et plus puissants que dans l'Annam. Le père a le droit de vie et de mort sur ses enfants ; une simple menace adressée par ces derniers à leurs parents est passible des peines les plus sévères. Les règles de la bienséance interdisent aux enfants de s'asseoir, de fumer, de parler devant leurs parents sans y être autorisés ; quand ils passent entre eux et le soleil, ils doivent s'incliner de manière à ce que leur ombre ne les couvre pas.

Le chef de la famille en est à la fois le prêtre et le juge. C'est lui qui offre, au nom de tous les siens, les sacrifices prescrits aux mânes des ancêtres et qui veille à l'entretien de leurs tombes. C'est lui aussi qui juge tous les différends et toutes les discussions d'intérêt qui surgissent entre les membres de la famille.

Quoique la femme n'ait pas le droit de faire les sacrifices rituels aux ancêtres, elle joue dans la famille annamite un rôle considérable. C'est elle qui s'occupe de presque toutes les affaires, qui tient le comptoir dans les boutiques et au marché, qui fait valoir le petit pécule de la maison. Disons en passant que les Annamites sont, en général, peu propres au commerce ; ils n'ont pas l'idée des opérations à long terme et se montrent peu fidèles dans les transactions. Aussi est-ce à peu près exclusivement par les Chinois qu'est fait le commerce de l'Annam ; mais les Chinois eux-mêmes trouvent des auxiliaires précieux dans les femmes annamites qu'ils épousent.

Les Annamites, comparant l'autorité du roi à celle du chef de la famille, donnent au souverain le titre de « père et mère du peuple ».

L'autorité du roi est absolue en théorie, mais elle est singulièrement tempérée par celle des hauts mandarins qui forment auprès de lui le co-mat ou conseil secret. Il ne peut traiter aucune affaire sans être assisté des membres de ce conseil, et il n'est pas sans exemple que le roi paye de sa vie des velléités d'indépendance trop prononcée.

Notre ignorance de ces choses nous a, dans plus d'une circonstance, fait commettre des fautes énormes. Je ne veux citer qu'un exemple, mais il est caractéristique.

En 1883, c'est-à-dire au début de l'expédition du Tonkin et lorsque nous commencions à traiter avec la cour d'Annam, notre représentant à Hué reçoit du commissaire général l'ordre d'exiger une audience solennelle du roi. Des pourparlers sont aussitôt engagés par notre représentant avec la cour et le conseil secret; on lui oppose mille objections, on lui fait remarquer que cela est tout à fait contraire aux usages de la cour d'Annam, et il est informé que si l'audience a lieu, elle pourrait bien être suivie d'une révolution de palais. Il transmet ces informations au commissaire général, en le priant de ne pas persister dans ses prétentions. Il reçoit l'ordre formel d'obéir aux ordres donnés et d'exiger l'audience. Il insiste sur les conséquences funestes qu'elle aura; il signale les dangers que va courir le roi s'il consent, malgré la cour, à donner satisfaction à notre demande; il faudrait du moins que l'audience eût un objet précis et qu'elle nous fût de quelque utilité. On lui répond par un ordre plus pressant ; on veut l'audience pour elle-même, pour affirmer un droit; il faut coûte que coûte qu'il l'obtienne sans retard, il n'y avait pas à reculer; il exige, il ordonne, et le roi consent à le recevoir malgré l'avis contraire du conseil et de la cour. Le jour et l'heure sont convenus, mais notre représentant est informé des colères qui agitent le palais, et avant de se rendre à l'audience, il tient à signaler de nouveau à son chef les évènements qu'il prévoit et dont il décline toute responsabilité. Il ne s'était pas trompé. Une heure après s'être montré devant le représentant de la France, en violation des traditions de son empire, Hiep-Hoa avait cessé de vivre.

Je pourrais peut-être trouver dans des événements plus rapprochés de nous des exemples nouveaux de la puissance du conseil secret de l'Annam, mais celui-là, je pense, suffira pour vous en donner une idée exacte.

L'empire est divisé en provinces administrées chacune par un gouverneur qu'assistent un chef des services administratifs et percepteur des impôts, un chef judiciaire et un commandant militaire.

Les provinces elles-mêmes sont subdivisées en préfectures (phus) et sous-préfectures (huyens).

Les autorités provinciales, les préfets et les sous-préfets sont les seuls fonctionnaires qui représentent le roi. Au-dessous, les chefs de canton, les conseils communaux et les maires sont des autorités élues et à peu près indépendantes.

L'autonomie de la commune est, en effet, l'un des traits les plus remarquables de l'organisation politique de l'Annam. Il faut probablement en chercher l'origine dans les premiers âges de l'empire, alors que des familles isolées d'émigrants chinois s'établissaient dans les plaines du Tonkin et de l'Annam en dehors de toute protection gouvernementale. Pour assurer leur sécurité, elles étaient obligées de se grouper en villages et de se donner une organisation puissante. De là sortirent les communes dont, plus tard, les rois furent obligés de reconnaître les privilèges.

Ceux-ci sont plus considérables que chez aucun autre peuple organisé. Les représentants élus de la commune rendent la justice au civil et au criminel, sauf recours des justiciables au chef du service judiciaire de la province, établissent les rôles des impôts fonciers, perçoivent ces revenus et les versent dans les caisses provinciales, veillent à la sécurité des personnes et des biens, inscrivent et conservent les mutations des propriétés et tous les autres actes entre particuliers, lèvent les soldats pour l'armée, etc.

Comme intermédiaire entre les communes et les autorités provinciales, il n'y a que le chef de canton. Celui-ci est élu par les notables d'un certain nombre de communes et agréé par le gouverneur de la province. C'est par lui que les préfets et les autorités provinciales surveillent et contrôlent les actes des communes; mais, comme il est élu par ces dernières, il est en même temps le représentant des intérêts communaux auprès des fonctionnaires royaux.

Le caractère dominant de toute cette organisation, c'est qu'elle est fondée avant tout sur l'instruction. Les notables des villages ne sont pas seulement les gens les plus riches, ce sont aussi les plus instruits. Les chefs de canton sont toujours des hommes honorables, relativement lettrés et jouissant de l'estime de tous. Quant aux fonctionnaires royaux, ils n'entrent dans l'administration qu'après avoir conquis des grades littéraires proportionnés à l'importance de la fonction administrative.

Les chefs militaires seuls sont pris d'habitude en dehors des lettrés; aussi sont-ils entourés de beaucoup moins de considération que les fonctionnaires civils.

Il y a là encore un trait de mœurs de ce peuple dont l'ignorance nous fait beaucoup de mal. Les Annamites ne comprennent rien à l'espèce de dédain que les officiers témoignent en toute circonstance aux administrateurs civils, ou plutôt ils en concluent que l'autorité militaire est supérieure à l'autorité civile, et il est très difficile de leur faire admettre que notre politique n'est pas celle de la conquête.

J'ai assisté, dans l'une des citadelles de l'Annam, à un fait insignifiant en lui-même, mais qui donne une idée précise du peu de respect que les militaires montrent aux fonctionnaires civils. Comme je passais, en compagnie du résident de la province, devant un poste de tirailleurs, l'Annamite de sentinelle, qui avait reconnu le résident, fit mine de rectifier sa position; mais j'entendis un sous-officier français lui crier du fond du poste, en termes qu'il me serait impossible de répéter, l'ordre de ne rendre aucun honneur, les résidents n'y ayant pas droit, et la menace de la salle de police s'il recommençait.

Combien différente est la conduite des Anglais dans l'Inde! Tout y est combiné pour inspirer aux Indiens le respect des Européens. Que de fois n'ai-je pas vu, dans les villes indiennes, les sentinelles indigènes rectifier la position et les hommes des postes de police se lever à mon passage, quoique je fusse absolument inconnu de tout le monde! Ils saluaient l'Européen.

Dans l'Annam, au lieu d'inspirer aux Annamites le respect pour les Européens, nous leur apprenons même à dédaigner les fonctionnaires français les plus importants et les plus instruits. A ce peuple si policé, à ces mandarins qui attachent tant de prix à l'instruction, nous inculquons l'idée, qu'à nos yeux, le sabre seul est une force.

Des mœurs aussi démocratiques que celles de l'Annam supposent une instruction très répandue. La langue annamite n'ayant pas d'écriture, c'est le chinois qui est la langue officielle du pays, et dans chaque village il existe une école primaire où les enfants apprennent les caractères chinois. Sans qu'on ait eu besoin de les rendre obligatoires, ces écoles primaires sont fréquentées par tous les enfants.

Les plus riches passent, de là, dans les écoles arrondissementales ou provinciales, où ils reçoivent une instruction supérieure et conquièrent successivement les grades qui donnent droit aux diverses fonctions publiques.

L'enseignement porte, dans les écoles primaires, sur les notions des éléments de la morale de Confucius, les préceptes de la bienséance, les calculs nécessaires aux affaires journalières, l'histoire et l'organisation de l'empire. Les écoles supérieures ne font que pousser plus loin ces enseignements, en y ajoutant tout ce qu'un fonctionnaire a besoin de savoir pour administrer le pays. Toutes ces écoles, en effet, ont pour but pratique de préparer des fonctionnaires, et chaque grade acquis par les lettrés donne droit à un emploi.

Avec cette organisation, dont les rouages fonctionnent admirablement, rien ne nous serait plus facile que d'exercer un protectorat aussi économique qu'effectif. Grâce à la commune, les impôts rentrent pour ainsi dire tout seuls et sans les moindres frais, la police est assurée dans une large mesure, la justice est rendue aux habitants d'après leurs lois et leurs coutumes.

Il nous suffirait donc d'exercer sur les autorités provinciales une surveillance active et clairvoyante.

Peu à peu, nous pourrions réparer les rouages un peu vieillis de l'administration, améliorer les finances, augmenter la richesse par des travaux publics utiles, en un mot faire pénétrer notre civilisation et notre génie jusque dans les couches les plus profondes de ce peuple, aussi doux et docile que travailleur.

Malheureusement, ce n'est pas ainsi que l'ont compris la plupart des hommes auxquels incombe la direction de nos affaires. Ne voulant pas se donner la peine d'étudier l'organisation du peuple dont ils ont la charge, ils ont passé leur temps à faire la guerre aux mandarins, aux lettrés et jusqu'aux notables des villages, cherchant à détruire tout ce qui existe, sans se demander s'ils pourraient le remplacer par autre chose.

De là est né cet état permanent de trouble et presque d'insurrection qui menace l'avenir de notre protectorat et qui nous force à dépenser en pure perte tant d'hommes et tant de millions. Nos mauvais procédés nous aliènent les mandarins, les lettrés et les notables, pendant que les charges financières et militaires, les corvées et les brutalités des soldats indisposent les gens du peuple.

Je ne veux citer qu'un exemple du tort que nous nous faisons en essayant de substituer mal à propos nos idées administratives aux coutumes des Annamites.

D'après celles-ci, chaque village doit fournir au Gouvernement un nombre de soldats proportionné à celui de ses habitants inscrits. Ces hommes sont toujours des volontaires, ou, si vous le préférez, des remplaçants auxquels la commune donne une petite subvention pour les engager à rester sous les drapeaux. S'ils viennent à déserter, c'est la commune qui en est responsable, c'est elle qui doit les remplacer. D'où il résulte qu'elle apporte un grand soin dans ses choix. En Cochinchine, nous avons appliqué jadis avec fruit ce mode de recrutement. C'est ainsi que nous avons formé les petites compagnies de matas avec lesquelles nos administrateurs ont fait la conquête du pays et maintenu pendant longtemps l'ordre le plus parfait.

Au Tonkin, nous avons voulu employer les systèmes français. On a d'abord procédé par voie de recrutement volontaire. On donnait une prime à tous les hommes qui voulaient bien prendre un engagement dans les tirailleurs. Les candidats ne faisaient pas défaut, mais, au bout de quelques jours, le tirailleur désertait avec sa prime, son costume et son fusil; bien armé et bien équipé, il allait piller les villages au nom du corps militaire dont il portait l'uniforme, ou bien il s'enrôlait dans quelque bande de pirates ou de rebelles. On a dû renoncer à ce système; mais, toujours dominé par les idées françaises, on a commis une faute nouvelle. On a organisé au Tonkin le service de trois ans. Le résultat a été détestable. Les soldats qu'on renvoie, après leur avoir enseigné dans les casernes tous les vices de notre civilisation, ne veulent plus retourner dans leurs rizières ; ils vont grossir les bandes des pirates qui harcèlent le pays.

Rien de tout cela ne se serait produit si, au lieu de vouloir appliquer nos idées, nous avions tout simplement mis en pratique les usages du pays.

Il y a une chose que nos hommes d'État doivent savoir, c'est qu'autant il nous serait facile de gagner l'affection du peuple par des procédés loyaux, justes et bienveillants, autant il nous sera difficile de le dompter par la force.

Le trait suivant, que je choisis entre mille, vous permettra d'en juger. Au moment où je me trouvais dans l'Indo-Chine, un vieux rebelle arrêté les armes à la main devait être décapité. Or, la décapitation est très redoutée des Annamites : ils tiennent à aller rejoindre intacts les ancêtres qui les ont précédés dans la tombe. Ils y tiennent à ce point que la femme d'un décapité considère comme un devoir religieux de n'ensevelir son mari qu'après avoir réuni la tête et le tronc par une couture de la peau du cou.

Pour éviter la décapitation, le vieillard dont je parle avait résolu de se suicider ; n'ayant à sa disposition aucun autre moyen de réaliser ce projet, il s'ouvrit le ventre avec ses ongles, que les lettrés portent toujours très longs, et, quand on vint le chercher pour le supplice, on le trouva mourant, ses intestins étalés autour de son corps.

Je pourrais citer vingt autres exemples non moins frappants du sang-froid et du courage avec lesquels les Annamites envisagent la mort ; je pourrais aussi rappeler les innombrables combats dans lesquels ils se sont fidèlement battus autour du drapeau de la France ; mais il est temps que je mette fin à cette longue causerie.

Elle avait un but pratique et je souhaite l'avoir atteint : démontrer par des exemples pris dans notre politique coloniale la nécessité d'appliquer le principe que je formulais en commençant et que je répète en le complétant : « Pour bien gouverner un peuple, il faut le bien connaître et l'aimer. » Cette condition est la première qui s'impose à la France pour que son expansion dans le monde serve ses propres intérêts et la cause du progrès humain.

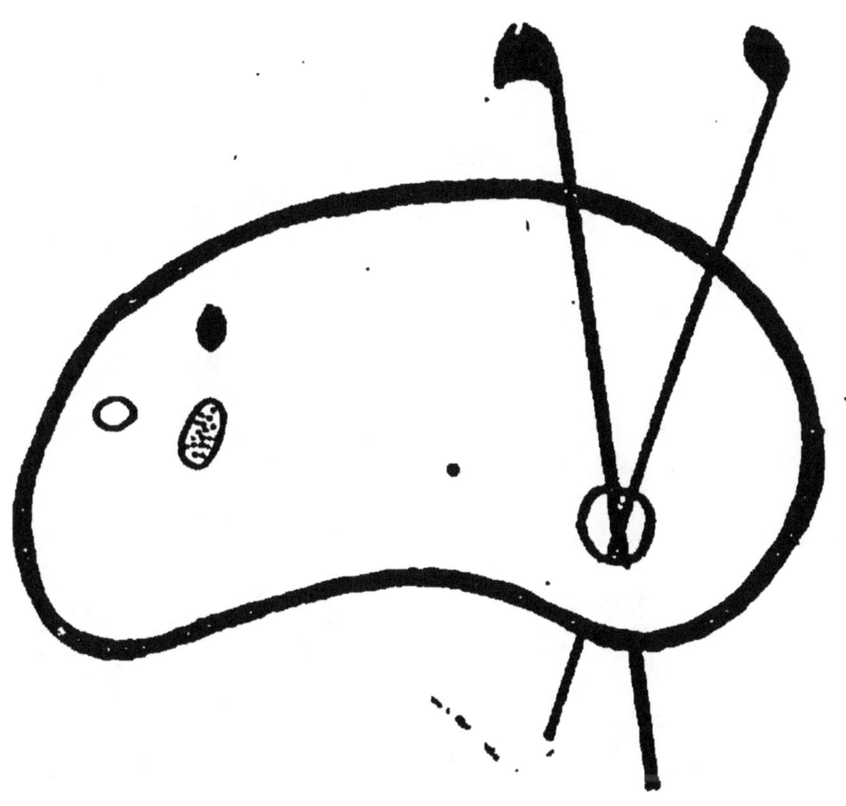

ORIGINAL EN COULEUR
NF Z 43-120-8